AF260182

GUSTAVE DE LARENAUDIÈRE

NOTICE

BIOGRAPHIQUE ET LITTÉRAIRE

par

M. Antonin de CAMPAGNOLLES,

Membre de l'Institut historique de France, correspondant de l'Académie royale d'Arezzo.

VIRE,

IMPRIMERIE DE HENRI BARBOT.

1864.

NOTICE

SUR

GUSTAVE DE LARENAUDIÈRE.

GUSTAVE
DE LARENAUDIÈRE

NOTICE
BIOGRAPHIQUE ET LITTÉRAIRE

par

M. Antonin de CAMPAGNOLLES,
Membre de l'Institut historique de France, correspondant de l'Académie royale d'Arezzo.

VIRE,
IMPRIMERIE DE HENRI BARBOT.

1864.

Cette Notice est tirée :

20 exemplaires numérotés sur papier de Chine.

200   id.   sur papier à la cuve.

AU LECTEUR.

Nous avons voulu que cette Notice fût une œuvre purement locale. Elle sera entièrement faite et exécutée dans la ville où est né Gustave de Larenaudière.

M. Détan, qui a obtenu de nombreuses récompenses pour son papier à la cuve, a mis un soin tout particulier à fabriquer celui de notre publication.

L'exécution typographique en a été confiée à M. Henri Barbot, qui y a mis un zèle dont nous le remercions. Le Lecteur, toutefois, ne perdra pas de vue les difficultés que l'on rencontre à faire publier un ouvrage dans une imprimerie de province.

A Madame P. de Larenaudière.

Madame,

Vous m'avez confié les dernières inspirations
de Gustave de Larenaudière; si cette courte
Notice retrace quelques traits d'un fils qui vous
fut si cher, c'est grâce à vous. Permettez-moi

donc de vous dédier ces pages, comme un souvenir pour une mémoire aimée et aussi comme un témoignage de la vénération avec laquelle

J'ai l'honneur d'être,

Madame,

Votre très-humble et très-obéissant serviteur,

Antonin de CAMPAGNOLLES.

Campagnolles, ce 15 novembre 1863.

Il n'est point de plus douce occu-
pation que d'étudier les créations de
l'esprit. Quel charme ne trouve-t-on pas
à pénétrer la pensée d'un auteur; à
deviner par quels moyens secrets il a
pu donner à ses idées ce tour charmant
ou sérieux, ample ou concis, marque

certaine du talent? Cette étude sur Gustave de Larenaudière serait pour nous toute heureuse, si, en étudiant ses œuvres, nous ne devions pleurer sa mort. A vrai dire, il nous laisse un testament, et nous lui devons bien, nous qui l'avons connu de si près, au moins un souvenir; d'autres plus autorisés sauront le louer plus dignement.

Il naquit à Vire en 1812; son père Philippe-François de Larenaudière, après avoir rempli pendant douze ans les fonctions de président du tribunal civil de cette ville, consacra ses nobles loisirs à l'étude de l'histoire et de la géographie ; cette dernière science était pour lui l'objet d'une grande prédilection ; ses connaissances aussi bien que son style clair, élégant et facile lui valurent l'honneur de collaborer avec Malte-Brun, dont il était l'ami, et d'entretenir des liaisons avec les Eyriès, les Jomards, les Barbier du Bocage, les Klaproth, les Dumont d'Urville et M. de Humbolt. M. de Larenaudière n'avait point été étranger à la poésie et cette douce conseillère qui devait occuper toute la vie du fils, avait favorisé les débuts du père. Chateaubriant cite, dans les notes du *Génie du Christianisme, la Fête-Dieu dans un village*, pièce pleine de goût et de fraîcheur, inspiration remarquable à une époque où *la poésie intime* n'avait pas encore reçu la consécration de l'opinion.

Il avait épousé mademoiselle Guyot, appartenant à une famille de Bourgogne, illustrée au seizième siècle par Claude Guyot des Charmaux, placé trois fois à la tête de l'édilité parisienne, et dans celui-ci par le poète — *enfant de notre temps* aussi bien que du génie, — Alfred de Musset. Heureuse coïncidence ! Gracieuse fantaisie de la nature ! Plus d'une fois nos poètes ne furent pas seulement unis par les liens du sang : leur âme s'enflamma du même souffle, s'énivra du même breuvage.

Gustave de Larenaudière fit ses études au Collége Sainte-Barbe, aujourd'hui Collége Rollin. On dit que la franchise de son gai caractère ne lui concilièrent pas moins l'amitié de ses camarades, que les succès dûs à son intelligence, ne lui méritèrent la sympathie de ses maîtres.

Son père désirait le voir embrasser une carrière, où lui-même avait conquis une si légitime influence. Gustave de Larenaudière fait son droit et est reçu avocat en 1833. Dire s'il connut jamais bien à fond le droit et les instituts me serait, et pour cause, fort difficile. Ce que je sais et ce dont personne ne s'étonnera, c'est que plus d'une fois il plaida avec beaucoup de tact et d'esprit.

On se réjouissait déjà au foyer paternel de le voir entrer dans une route qui lui permettrait de changer la robe de l'avocat contre celle du magistrat. Mais la muse est espiègle, et si elle s'affuble par hasard d'un vêtement qui lui pèse, elle ne se contient pas longtemps, et, enfant terrible, elle reprend tous ses droits, réclame tout son empire.

Gustave de Larenaudière débuta de bonne heure dans la carrière littéraire. Dès 1838, on le voit attaché à la rédaction de *La Patrie*. Cette même année, il fut chargé de la critique du *Salon*; on sent dans ses articles un peu d'hésitation. Mais on voit quel sentiment vrai l'auteur a de l'art et l'on est frappé de l'élévation d'idées émises dans un style coulant et pur. On dévine qu'elle voie Gustave de Larenaudière suivra, quel maître il écoutera, quel genre, à la fois gracieux et correct, il goûtera, de préférence à ce réalisme qui n'est que l'exagération du laid. Les suaves compositions de Rosa Bonheur, la beauté idéale de Ingres, voilà ce qu'il sait décrire et louer en poète et en critique. Par la légère ironie qui régne dans plusieurs de ses observations on comprend qu'il ne sacrifiera pas ses goûts au caprice de la mode.

Gustave de Larenaudière, du reste, n'avait pas encore visité ces merveilleux musées italiens où l'on peut tout étudier et tout apprendre.

Vers la même époque, il donna d'assez nombreuses chroniques théâtrales; mais, sauf quelques exceptions, nous trouvons qu'il se montra trop sévère pour certaines œuvres, trop indulgent pour beaucoup d'autres, insipides pastiches des défauts de l'école romantique : drames, vaudevilles, comédies que le lustre des théâtres éclaira une vingtaine de fois et qui sont pour toujours vouées à une juste obscurité. La jeune génération d'alors se portait avec d'autant plus d'ardeur du côté du nouveau système, que les anciens auteurs voulaient plus fortement le saper ; à une cabale bien organisée on répondait par une autre cabale soutenue avec toute la sève d'une âme de vingt ans.

Un mot indulgent du maître, un simple encouragement de celui que Chateaubriant appela *sublime enfant*, donnait une consécration à la production la plus éphémère ; nous savons bien que le soleil a besoin de satellites, mais il importe que ce ne soit point des étoiles filantes.

Gustave de Larenaudière vivait à cette époque au milieu d'un cercle d'hommes distingués. M. de Larenaudière réunissait alors dans son salon un grand nombre de notabilités de la science et des lettres.

Cependant, cette vie relativement sédentaire ne suffisait point à l'activité de son esprit. Il voulait vivre sous un autre ciel, respirer dans une atmosphère plus poétique; il quitta donc Paris et partit pour l'Italie, cette terre classique de l'idéal. Il passa une partie de l'hiver de

1839 à Florence, la ville des fleurs, la reine des lettres, la glorieuse patrie des Médicis, ces *magnifiques* protecteurs des arts.

Quelle délicieuse société il rencontra dans cette antique capitale de la Toscane! Là, il voyait un Prince exilé, qui réunissait autour de lui les nobles courtisans du malheur. Combien peu, parmi eux, se doutaient que la fortune sourirait de nouveau à une famille dont on avait deux fois proclamé la déchéance.

Il eut également le bonheur de rencontrer deux hommes qui ont joué des rôles si différents sur la scène politique de leur pays. D'abord, M. le marquis de Brignoles-Sales, diplomate, homme de lettres, savant qui lutta toujours contre les tendances qui se sont personnifiées dans M. le comte de Cavour.

Ensuite, M. le marquis de Balbi-Piovera, qu'il retrouva plus tard à Acqui, et qui fut un des plus constants défenseurs de l'unité de la Péninsule.

On comprendra que dans ces illustres relations, Gustave de Larenaudière ait trouvé pour les ressources de son esprit, un utile développement, et on remarqua toujours dans toutes ses discussions une largeur de vue que la fréquentation des hommes pratiques peut seul donner.

Gustave de Larenaudière retourna plusieurs fois en Italie, et toujours il s'enthousiasma pour Naples et Florence. Comme il errait avec bonheur sur les bords du *beau Lac de Némi*, sur les rivages où la *Mer de Sorrente*

Deroule ses flots bleus au pied de l'Oranger.

Chaque jour il allait visiter cette

Grotte d'Azur qu'il devait célébrer dans un poëme, malheureusement perdu. Tout, jusqu'aux noms, lui parlait en ces lieux enchanteurs d'amour et de volupté. C'est là qu'il eut ses plus suaves inspirations.

Il eut occasion de connaître particulièrement M. Mourawieff Apostol, qui portait dignement un nom que déshonore aujourd'hui l'un des bourreaux de la Pologne; le duc de Rohan lui témoignait aussi une sympathie qui honorait l'homme et l'écrivain.

Gustave de Larenaudière s'émut toujours pour de nobles infortunes. Lorsqu'en 1852 l'exil fut le partage d'illustres vaincus, on le vit aller parler de la patrie à ceux qui ne pouvaient plus que se souvenir d'elle. Ainsi, à Jersey, il put encore entendre la voix d'un de ses maîtres, Victor Hugo, et presser la main du général Le Flô, ce vaillant militaire qui cueillit de si glorieux lauriers sur les plages africaines; il admirait avec respect dans cette petite île de la Manche le génie et le courage toujours supérieurs à la fortune.

Gustave de Larenaudière passait une partie de l'été à la terre de la Herbellière, située aux portes de la charmante petite ville de Vire. Il retrouvait là ses amis et une société dont hélas! nous voyons chaque jour disparaître quelque membre. Peu de pays sont aussi pittoresques, aussi riants que notre Bocage. Quoi de plus radieux que *ce Val de Vire* où serpente une rivière qui met en mouvement les nombreuses machines de notre industrie? L'art et la nature ont lutté pour en faire un lieu cher aux poètes.

Gustave de Larenaudière travaillait beaucoup pendant son séjour en Basse-Normandie; c'est là qu'il fit des études fort sérieuses sur la langue française; il s'occupait aussi beaucoup des origines des noms normands. Il a émis sur ce sujet des opinions ingénieuses, qu'il n'eut pas le temps de coordonner.

L'auteur des *Cantilènes* connaissait à fond l'italien et l'anglais. Les langues espagnole et allemande lui étaient familières; il eut donc le bonheur de pouvoir lire dans leur propre langue, Calderon et Schiller. Il en profitait aussi pour faire imprimer dans plusieurs feuilles périodiques des pièces nouvelles et d'ingénieuses critiques. Ce qu'il éparpillait ainsi d'esprit, de verve, d'entrain, nul ne le saurait dire. Embrasser les divers points de vue d'une question, en résumer promptement la valeur, en développer les conséquences, sans effort et réticence était un des côtés de son talent d'observateur. On a souvent réuni les pensées éparses d'un grand nombre d'auteurs : on l'eut pû faire pour celles de Gustave de Larenaudière : souvent les expressions conçues et pittoresques dessinaient une situation, caractérisaient un système : rayons lumineux enfin qui éclairaient un tableau. Heureuse intelligence qui peut comprendre des études si diverses ! Loisirs charmants que ceux passés à orner son esprit, à suivre le perpétuel mouvement de notre littérature, pourquoi ne put-il pas vous goûter plus longtemps? Mieux que personne il eût analysé les tendances de notre époque; il eût été encore jeune aujourd'hui, comme il le fut naguère au sein d'une pléïade de poètes vraiment inspirés.

Nous n'avons point la prétention de retracer longuement le tableau des luttes littéraires du milieu de la Restauration.

Tout le monde se souvient de l'entêtement des uns, des exagérations des autres, de l'acharnement de tous. Qui approuverait aujourd'hui les intrigues d'un Nepomucène Lemercier, ou la ridicule cabale qui insultait à la mémoire de Racine et se moquait de petits poètes du genre de Boileau.

Nous pensons que chaque époque a une littérature aussi bien qu'une politique à part. Le siècle des Antonins n'a-t-il pas son auréole aussi bien que celui d'Auguste? Dans son incessante activité, l'esprit humain prend toutes les formes et, semblable au soleil, le génie sait vivifier toutes les fortes idées. Nous savons aussi qu'on ne triomphe point de la routine, sans un long combat. Soldat sur la brèche, le poète convaincu doit la vie à ses opinions; il faut pourtant respecter le talent partout où il a brillé d'un pur éclat.

Plein d'enthousiasme pour les magiques inspirations de Victor Hugo, les suaves harmonies de Lamartine, Gustave de Larenaudière entra franchement dans le mouvement moderne. Mais, ses connaissances nombreuses aussi bien que la droiture de son esprit, le firent rester dans ce *juste milieu*, que l'un de ses maîtres aussi, le sage et aimable Horace, conseillait en toutes choses. Il sut être jeune sans être excentrique. La poésie, en effet, doit être l'image et non la caricature d'un siècle. A quel succès durable peut prétendre une littérature de carnaval? Notre auteur suivit les inspirations de son temps, mais conserva une sobriété d'expression aussi bien qu'une justesse de pensée, qui lui permirent d'être nouveau sans froisser le bons sens. Il put adresser ces vers à André Chenier:

Tendre et sublime André, dont la muse m'entraîne,
J'aime avec ton amour, je hais avec ta haine.
J'aime avec ton amour, les moissons de la plaine,
Le calme des forêts, la fraîcheur des vallons,
Les églantiers fleuris au milieu des buissons,
Les oiseaux rassemblés autour de la fontaine
      Et chantant leurs chansons.

J'aime avec ton amour les suaves caresses,
Néère et Galatée, et leurs soyeuses tresses,
Et les doux rendez-vous, et les folles ivresses,
Et la voix des amis, de ces consolateurs
Que le ciel nous donna pour essuyer nos pleurs,
Pour éclaircir nos fronts en chassant les tristesses,
      Nuages de nos cœurs.

. . . .

Je hais avec ta haine un pouvoir sanguinaire,
Pourvoyeur sans pitié du charnier populaire.
Je hais le club hurleur. — Je hais dans son repaire
L'infâme aréopage, au meurtre toujours prêt,
Et la foule abrutie applaudissant l'arrêt,
Et les hideux jurés empochant leur salaire,
Sans honte et sans regret.

Ceux qui comme lui connaissent à fond les auteurs anciens, se laissent difficilement entraîner à de ridicules élucubrations. Ce fut le caractère particulier de son talent que cette profonde étude d'Horace, de Catulle, de Tibulle, d'Anacréon. Tournez tous les feuillets de son recueil, et vous verrez que chacune de ces pages respire le plus tendre souvenir des écrivains aimés de Rome et de la Grèce.

Si le printemps lui semblait plus vivifiant à Rome, c'est qu'il pouvait erer dans les vallées où vécut l'ami de Virgile et de Mécène.

Printemps Romain.

Le Soracte a perdu sa couronne de neige ;
Voici Zéphire et Flore et leur joyeux cortége,
La danse au pied lascif et les amours chanteurs.
Frais printemps, clair soleil, toute chante ta venue,
Dans les bourgeons ouverts, la feuille te salue
Et le fruit te bénit dans l'herbe et dans les fleurs.

. . . .

C'est là qu'il se sent renaître, c'est là que plus tard lui viendra raconter ses déceptions.

A minuit au Forum.

O Rome des Romains, Rome des sept collines,
Tous les yeux de la nuit contemplent tes ruines ;

L'éternelle beauté sympathise à ton deuil ;
Le ciel aux lampes d'or éclairant ton cercueil,
A ton sceptre brisé rend un splendide hommage.
Perdu dans ton désert j'évoque tes splendeurs,
Et, comme Marius autrefois à Carthage,
J'assieds sur des débris mon rêve et mes douleurs.

J'eus mes beaux jours aussi couronnés d'espérances ;
J'ai bâti plus d'un temple à de nobles croyances,
Ouvert plus d'un palais aux hôtes inconstants,
Parasites joyeux des fêtes du printemps.
Temples saints de mon cœur, palais de ma jeunesse,
Vos hôtes vous ont fui, vos dieux sont exilés ;
Ruine comme toi, je viens dans ma tristesse,
Rome, implorer ma part de tes cieux étoilés.

Les Cantilènes parurent en 1842.
Elles valurent à l'auteur de nouvelles
et agréables relations. Les principaux
organes de l'opinion en donnèrent un
compte-rendu favorable, et Gustave de
Larenaudière put jouir d'un succès dont

il ne s'énorgueillit jamais. On aimait
cette poésie jeune et fraîche, pleine
d'une sève que retenait seule un goût
exquis :

Non, ma muse n'est pas de ces muses voilées
    Au longs habits de deuil,
Pleureuses-locatis qui font les désolées,
    Et suivent tout cercueil.

Ma muse est jeune et franche, et couronnant sa tête
    Des roses du printemps,
Elle rit à l'amour qui près d'elle s'arrête
    En ses doux passe-temps.

  . . . .

Elle a dit : Toute brise apporte ses caresses
    Aux cyprès comme aux fleurs.
— Ma lyre aura des chants pour les folles ivresses,
    Des chants pour les douleurs.

Ce programme fut tenu. Est-il de plus jolis vers que ceux-ci :

Abeille et Fleur.

L'aurore souriant sur le berceau du jour
Est moins rose que toi, ma belle jeune fille,
Et l'étoile des soirs n'a pas les feux d'amour
    Cachés sous ta mantille.

Des gouttes de rosée, aux rayons du matin,
Scintillant dans le cœur de la nouvelle rose,
Voilà tes blanches dents, ange au front de satin,
    Sous ta lèvre mi-close.

Et douce est ta parole ainsi qu'un chant d'été.
— Tout est grâce chez toi, chez toi tout est beauté ;
Aussi j'aime à te voir, aussi j'aime à t'entendre,
Aussi je suis l'abeille — et toi — la jeune fleur
    Où mon esprit vient prendre
    Le miel de son bonheur.

Oui, si Gustave de Larenaudière sut chanter la Grâce et la Beauté, sa lyre émue rendit plus d'une fois de douloureux accents :

A mes Amis morts.

Comme une pauvre fleur à sa tige ravie,
    Et qui brillait avec orgueil,
Ils ont été cueillis au printemps de la vie,
    Sans être mûrs pour le cercueil.

. . . .

— O mes jeunes amis, dans la sombre cellule
    Où vous retient l'éternité,
Vous ne respirez plus le parfum qui circule
    Sous le ciel bleu des soirs d'été.

. . . .

Vos corps sont endormis sous un ombreux feuillage,
  —Heureux trois fois celui qui dort!
Vous avez accompli le terrestre voyage,
  Votre amitié m'attend au port.

Montez, mes vers en deuil, jusqu'au palais des anges,
  Offrez mon cœur aux chers absents ;
Leurs âmes, que la mort délivra de leurs langes,
  Vibreront d'aise à vos accents.

Ah! nous les avons redites ces tristes et cependant consolantes paroles lorsqu'une déplorable nouvelle vint nous apprendre que l'âme de notre poète s'était envolée loin de nous : ce fut comme le premier écho de notre douleur.

Il était cependant tout près de cette Italie qui l'avait si bien inspiré. Là, sa muse se trouvait plus à l'aise.

Ciel de Florence, de Naples, de Rome;
souffle embaumé des Apennins; souvenirs toujours féconds du Tasse, de
Dante, de Pétrarque, comme vous avez
su faire vibrer la lyre de notre poète
normand?

Florence.

Fraîche cité des fleurs,
J'ai connu tes splendeurs,
Tes temples gigantesques,
Tes palais à créneaux,
Tes marbres, tes tableaux,
Tes merveilleuses fresques!

Et j'ai vu ta beauté
Rire au soleil d'été,
S'endormir aux étoiles;
Car tes jours sont d'azur,

Et tes nuits au front pur
Portent de légers voiles.

Et mon cœur garde encor,
Comme un riche trésor,
Ta chère souvenance,
Comme on garde un portrait
Qui charme — et nous distrait
Des ennuis de l'absence.

. . . , , ...

On nous permettra de citer ici l'une des pièces les plus récentes de Gustave de Larenaudière. Elle résume assez bien les différentes nuances de son talent.

A ma Lectrice inconnue.

Rafraichis ta pensée et sois la bienvenue,
Toi qui bois à ma source, ô ma douce inconnue.

Vers moi qui t'a guidée? Est-ce l'instinct charmant
Qui conduit le cœur triste auprès du cœur aimant?
Ton front est-il chargé de vagues lassitudes,
Ou ton âme ulcérée, esclave en ses douleurs,
Te fait-elle chercher au fond des solitudes,
Avec un chant d'espoir. la liberté des pleurs?

Chagrins, vagues tourments, n'importe qui t'amène,
Je t'aime et mes chansons endormiront ta peine.
Les bons anges d'amour m'ont ouvert leur trésor ;
Pour tes nuits de sommeil j'aurai des songes d'or,
Et je veux rallumer tes étoiles éteintes,
Rendre à ton ciel l'azur par l'orage effacé,
Revenir sur tes pas et suivant leurs empreintes,
Retrouver le bonheur perdu dans ton passé.

O ma douce inconnue, à toutes mes tendresses
Réponds en m'enlaçant de toutes tes caresses ;
Aime aussi ton poëte, amant mystérieux
Qui se baigne en ton âme et se mire en tes yeux ;
Sois moi le ciel promis. Peut-être, ô ma colombe,
Ne suis-je plus du monde où sourit ta beauté ;
Ton poëte, peut-être, est couché dans sa tombe,
Mais son amour est là qui chante à ton côté.

Viens, livre-toi sans crainte à mon ombre amoureuse,
Envolons-nous ensemble et faisons route heureuse ;
Mes ailes ont deux noms, espoir et souvenir.
Sans l'oubli du passé planons sur l'avenir,
Et comme ces oiseaux, compagnons de voyage,
Qui traversent l'espace en quête des beaux jours,
Saluons par des chants nos vieux nids au passage,
Ne demandant au ciel que de pareils séjours.

Voilà qui est aussi bien pensé qu'ingénieusement dit. L'idée est suffisamment développée. Nous faisons cette réflexion parce que Gustave de Larenaudière eut peut-être le défaut d'abréger, de raccourcir, si l'on peut parler ainsi, les sujets qu'il traitait. Si la prolixité fatigue, une brièveté trop grande doit être aussi soigneusement évitée.

Gustave de Larenaudière publia son

volume sous les auspices de deux grands poètes, astres lumineux de notre firmament poétique. Mais qu'il se garda bien de suivre la route de ces satellites maladroits, qui furent éblouis et non éclairés !

Le chantre de Graziella avait ému une génération en célébrant dans ses hymnes un ineffaçable souvenir ; dès lors une troupe d'imitateurs crut qu'il importait de toujours pleurer. Ils pleurèrent avec la brise, avec la rosée ; ils pleurèrent à l'aurore, pleurèrent au crépuscule. En vain voulurent-ils laisser voguer leur nacelle sur cet Océan de larmes ; au moindre souffle du bon sens, elle sombra. Un homme de génie, formé à l'école de la bible d'Homère, put sans danger donner un plus large cours à sa pensée ; il est permis aux demi-dieux d'habiter l'Olympe. De là un grand nombre de poètes, plus ou moins inspirés, se mirent à entasser Ossa sur Pélion, Pélion sur Ossa. Un épigramme du Charivari renversa ces géants de carton.

La muse de Gustave de Larenaudière fut plus sage. Aussi les *Cantilènes* occuperont-elles une place distinguée dans la bibliothèque d'un homme de goût. Il sut allier la modération de la forme à la nouveauté de la pensée.

La remarquable traduction d'un des chefs-d'œuvre de Pétrarque — *Spirto*

Gentil, — nous prouve combien sa phrase harmonieuse et vive eût rendu les inspirations des poètes antiques. Voyez quel ton juste et élevé il prend pour se mettre à la hauteur de son modèle:

. . . .

Qu'adviendra-t-il et qu'attend l'Italie
S'affaiblissant sans se voir affaiblie,
Vieille indolente et vivant sans agir?
De sa torpeur qui vaincra la constance?
Ah! si mon bras en eût eu la puissance!

. . . .

Et toutefois le ciel qui nous regarde
N'a pas sans but commis Rome à ta garde:
Rome est le chef et nous suivrons ses pas.
Sois son salut; agis, ton bras est ferme;
A ses malheurs toi seul peux mettre un terme.
La nuit, le jour, je pleure sur son sort.

Prends aux cheveux l'indolente victime,
Retire-la de son fangueux abîme ;
Sèche mes yeux par ce suprême effort.
A toi l'honneur si les enfants du Tibre
Sont rappelés aux droits d'un peuple libre !

. . . , ... , ...

Il nous a plus d'une fois parlé de son projet de traduire des fragments des œuvres de Catulle, Tibulle et Anacréon. Quel bouquet poétique il eût pu former avec ces trois chantres de la beauté et de l'amour. Nul, plus que lui, n'était capable de discerner les fleurs les plus odoriférentes ; ces traductions sont d'autant plus regrettables qu'aucun poète de l'école romantique ne les a entreprises. Tibulle, qui sait idéaliser la pensée, eût pris une forme élégante et vive, sous la poésie de Gustave de Larenaudière; les gracieuses odeletes d'Anacréon, eussent bien convenu au genre de composition et à l'esprit que nous avons trouvés dans les *Cantilènes*.

Le génie grec lui a du reste inspiré ces beaux vers sur Sapho.

Sapho.

Amour, âme du monde, amour qui fus ma vie,
Pourquoi survivre, hélas! à ma beauté ravie
Et permettre à mes yeux des éclairs impuissants?
Quand ma jeunesse a fui, que ne l'as-tu suivie!
Amour, âme du monde, amour qui fus ma vie,
Éteins-toi dans mon cœur, éteins-toi dans mes sens.

Adieu, sonore écho, de mon trop long délire,
Harmonieuse amie, adieu. Cesse, ô ma lyre,
De rendre sous mes doigts l'accord accoutumé.
Où l'amour n'est plus roi, que la chanson expire!

Adieu, sonore écho de mon trop long délire,
Tout chemin au bonheur m'est à jamais fermé.

Adieu, soleil, adieu, jeune et brillante année ;
Ciel et terre, fêtez votre ardent hyménée,
Chantez, oiseaux de l'air, sur la nature en fleurs.
Et vous, flots.... recevez Sapho l'infortunée.
Adieu, soleil, adieu, jeune et brillante année.
—Conduis-moi, blanche mort, au grand repos du cœur.

—Elle était jeune encor, elle était encor belle,
Sapho l'infortunée, et Lesbos autour d'elle
Avait fête à l'entendre, avait fête à la voir.
Mais un dédain d'amour est blessure mortelle ;
Elle était jeune encor, elle était encor belle
Un orage à midi la fit douter du soir.

Cette pièce paru pour la première fois
dans *L'Artiste* où Gustave de Larnaudière
inscrivit plus d'une fois son nom,
auprès de ceux de Tissot (de l'Académie

française), de Théophile Gautier, d'Arsène Houssaye. Pendant que les directeurs de cette importante revue acceptaient la collaboration du poète normand, un homme illustre, Félicien David, mettait en musique l'une de ses plus gracieuse inspiration. La voici :

Éveillez-vous, Belle

A M. Félicien David, qui a mis cette sérénade en musique.

Éveillez-vous, belle,
Belle aux grands yeux bleus,
D'un amant fidèle
Écoutez les vœux.

Si j'étais l'oiseau qui chante,
Sous la feuillée odorante,
Près de vous :

Dans votre âme, ô ma bien chère,
J'éveillerais pour vous plaire
Tous les rêves les plus doux.

Éveillez-vous, belle,
Belle aux grands yeux bleus,
D'un amant fidèle
Écoutez les vœux.

Si j'étais le lac sans ride
Qui vous prête un bain limpide
Tout d'azur :
Je voudrais garder l'image
De votre charmant visage,
Dans mon cristal le plus pur.

Éveillez-vous, belle,
Belle aux grands yeux bleus,
D'un amant fidèle
Écoutez les vœux.

Jasmin, lis ou chèvre-feuille,

Si j'étais la fleurs que cueille
Votre main :
Je voudrais de mon haleine
Vous énivrer, ô ma reine !
Et mourir sur votre sein.

Éveillez-vous, belle,
Belle aux grands yeux bleus,
D'un amant fidèle
Écoutez les vœux.

L'auteur si connu des *chansons populaires de la France*, M. J.-B. Wekerlin, trouvait de tendres accords pour donner un rythme charmant *à la chanson de l'hirondelle.* Enfin Madame Pauline Viardot qui joint à un talent d'exécution si remarquable une connaissance profonde de la composition mettait en musique 3 strophes pleines de fraîcheur.

Cependant l'un des principaux journaux de Paris, qui connaissait le tact et l'esprit d'appréciation de Gustave de Larenaudière, lui offrait le compte-rendu dramatique. Mais d'honorables scrupules l'empêchèrent d'accepter une position dans une feuille dont la politique était en dehors de ces convictions. Il ne voulait pas faire ployer ses croyances aux exigences de sa réputation. Toutefois nous sommes certains qu'il aurait rempli sa tâche avec le plus grand succès; ce ne sont pas seulement les articles publiés dans d'autres recueils, qui nous font penser ainsi, mais les nombreuses réflexions que Gustave de Larenaudière faisait sur le mouvement littéraire de notre époque.

Il avait assisté aux différentes transformations politiques et morales et nul plus que lui n'eût porter sur les hommes et les choses un jugement plus sain, une critique plus juste et surtout plus spirituelle.

On a rencontré de rares époques dans notre histoire, où chacun tenait sa place, et, dans le monde de la pensée comme dans l'ordre matériel, ne devait point empiéter sur le domaine de son voisin : temps de réglementation quand même, propres aux grandes actions, mais qui malheureusement durent peu, l'homme cherchant toujours sous divers prétextes, à exercer la perpétuelle activité de son esprit. On était poète, on restait poète; et la politique ne venait point troubler la tranquillité de l'homme d'étude.

Le repos est-il permis aujourd'hui au moment où toutes les questions importantes sont controversées, où les institutions sont à peine fixées; pense-t-on qu'une âme ardente et vive puisse s'endormir doucement aux sons harmonieux d'une lyre? S'il n'est pas donné à tout le monde de jouer un rôle sur la scène politique, il est impossible de ne pas s'agiter alors que tout s'agite; de ne pas discuter alors que tout est en discussion.

Gustave de Larenaudière eût l'heureux hasard de vivre en un temps où la libre allure de la pensée eût des écarts, mais en revanche donna aux âmes une singulière énergie. Il assista aux dernières luttes de la Restauration, à toutes celles du gouvernement de Juillet et de la République. Or, nous qui ne saurions rester indifférent à la lecture de l'histoire de ces époques, nous comprenons combien ont dû être violents, passionnés, des combats où se trouvaient pour joûteurs Villèle, Chateaubriant, Guizot, Thiers, Lamartine et tant d'autres chez lesquels la conviction unie au talent enflammèrent toutes les grandes questions qui agittent le monde moderne. Il est des temps où les orages politiques sont peut-être préférables à une insouciante quiétude. Toutes les émotions de Gustave de Larenaudière furent pour de nobles idées, toutes ses aspirations pour une vraie liberté. Avec quel plaisir ne lui avons-nous pas entendu exprimer son jugement sur les faits dont il fut l'intelligent observateur. Il parlait quelquefois avec passion, jamais avec aigreur. La lucidité de son jugement n'était égalisée que par son originalité d'expression. Grâce, légèreté, abondance sans prolixité, esprit scintillant sans afféterie, tel fut le cachet de sa conversation. La conversation! quel mot peu à la mode dans notre temps de fièvre financière! mais aussi comme il raisonne bien à l'oreille de ceux qui se tiennent un peu à l'écart et qui ne se résignent pas trop facilement au silence.

Nous n'appuierons pas sur la désolante

médiocrité de la plupart des œuvres théâtrales écloses dans ses dernières années. L'école romantique qui au milieu d'incertitudes un peu singulières à cependant excité de si vigoureux et si légitimes émotions, n'a plus aujourd'hui sur nos scènes ces joûteurs courageux qui lui apportaient l'auréole d'un jeune et lumineux talent. Mais pendant que le drame recherche les combinaisons les plus terribles, les plus invraisemblables, la comédie, retrécissant son cadre, s'efforce de paraître le moins dramatique possible. Le plus souvent elle devient une simple conversation de bon goût où la satire des mœurs et des choses n'est qu'accessoire et renferme plus de délicatesse que de fiél. Inconnue au XVII⁰ siècle et soupçonné au XVIII⁰, par Marivaux, ce genre n'a été vraiment été honneur que depuis Alfred de Musset qui l'a porté à la perfection dans ses proverbes.

On ne demande pas à l'auteur une charpente fortement construite ; peindre certains côtés de la vie privée, deviner les petits secrets de l'intérieur, raconter les légers combats du ménage, rire en passant des intrigues un peu sourdes d'une société blasée, voilà où tendent ses efforts et où se réduisent les exigences du public. Genre un peu pâle il faut l'avouer, mais qui devait nécessairement réussir en France où l'esprit règne et gouverne en maître. Genre heureux, en tout cas, puisqu'il a su exercer la verve des plus charmants écrivains : Gustave de Larenaudière suivi leur exemple et n'eût qu'à s'en louer.

Dans *La Visite* le style de l'auteur est

délicat sans fadeur ; sa pensée fine sans affectation, piquante sans amertume. Dans un cadre relativement restreint, il a mis en relief quatre figures différentes. Une mère qui, un moment, sacrifie le bonheur d'une fille, pourtant aimée, au plaisir suranné de passer dix mois par an à Paris ; un jeune homme n'ayant pas encore rompu avec les vieilles traditions et qui, sans pédantisme comme sans inconvenances, rappelle à un baron de 60 ans les antiques souvenirs de la famille ; enfin et ce n'est pas le personnage que nous aimons le moins, un de ces vieux serviteurs qui naissaient, vivaient et mouraient au service d'une famille dont ils étaient pour ainsi dire un des membres et en restaient les bons et fidèles gardiens. Ces différents caractères sont tracés avec beaucoup de tact et prouvent le talent original et vrai de Gustave de Larenaudière,

Voici un joli passage :

. . . .

LE BARON.

Vous êtes de Nerval, un garçon plein de cœur,
Conservant noblement les principes d'honneur,
Vous me convertissez ; tenez, sur ma parole,
L'école de province est une bonne école.
Nerval, je vous admire.... Ah ! si j'avais été
Aussi sage que vous dans mon brûlant été,
Si de Capoue, enfin, j'avais fui les délices...
Sans le jeu, les chevaux, et surtout les coulisses,
En serais-je réduit à vivre en noble rat
Du triste revenu d'un maigre majorat ?
Je serais marié, j'aurais une famille ;
J'habiterais Versac ; si j'avais une fille,
Gustave de Nerval en serait amoureux ;

Je la lui donnerais, et je serais heureux.....
Je parlerai pour vous,

. . . .

C'est de l'esprit de bon aloi. La pièce du reste scintille de mots spirituels et malgré de légers défauts dans la liaison des scènes, *La Visite* reste toujours un acte agréable à lire et digne de l'auteur des *Cantilènes*.

Représentée en 1857, *La Visite* obtint sur notre scène un succès doublement honorable pour l'auteur.

Nous ne nous doutions guère que ce

devait être le dernier témoignage public rendu à son talent. Sa santé avait déjà subi quelques altérations, mais rien ne faisait encore prévoir que le mal dû l'enlever si vite à tant d'affections. Il nous fut donné de le voir souvent dans ces dernières années. Il habitait presque toujours la Herbellière. Grâce à la sollicitude d'une mère qui fût le bon ange de toute cette vie ; grâce à la fraternelle amitié de M. Ferdinand de Larenaudière, qui sait allier le culte des lettres aux plus graves occupations ; grâce enfin aux soins d'un savant ami, une édition nouvelle des *Cantilènes* vient d'être livrée à notre impatience. Puissent ces quelques pages n'être pas trop indignes d'en être pour ainsi dire la préface.

L'activité de l'esprit de Gustave de

Larenaudière ne se dementait jamais dans les crises terribles qui augmentaient chaque jour. Il aimait à relire les auteurs à l'école desquels il s'était formé, et souvent il parlait avec une chaleur qui prouvait combien était forte encore sa vie intellectuelle. Son digne ami, M. Charles de Chênedollé, qui porte un nom cher aux lettres, aimait à recueillir toutes ses observations; il ne nous a pas peu servi pour la composition de cette notice. Le culte des livres est un tradition dans la famille de Larenaudière; héritiers de la belle bibliothèque du collaborateur de Malte-Brun, ses deux fils le furent aussi de ses goûts savants et littéraires. Ce fut une des dernières occupations de Gustave de Larenaudière de relire les ouvrages qui avaient

le plus fortement frappés son esprit. Le
mal faisait à chaque heure des progrès
rapides. On espérait encore que ce
souffle vivifiant du midi, qui lui avait
donné la vie de l'esprit, lui conserverait
peut-être celle du corps. Ces collines
qu'il avait si délicieusement célébrées
furent ingrates. Sa mort toute chré-
tienne eût lieu, à Amélie-les-Bains,
le 2 avril 1862. Il eût pour suprême
consolation de voir auprès de lui, à
son heure dernière, cette mère admi-
rable à laquelle il laissa pour testament
de son cœur, son amour inaltérable
et ces pages gracieuses et touchantes
où il découvre toutes ses joies et toutes
ses douleurs.

Les journaux de Paris et un grand
nombre de feuilles de province consa-
crèrent des articles nécrologiques à

l'auteur des *Cantilènes:* (1) dernières fleurs jetées sur une tombe si prématurément ouverte.

En esquissant ainsi une vie toute littéraire j'ai été charmé de pouvoir échapper un instant au tourbillon qui semble entraîner notre époque : heureux de laisser au lecteur pour dernière

(1) M. Isidore Cantrel a publié dans *l'Ordre et la Liberté* de Caen, une étude fort remarquable sur Gustave de Larenaudière.

pensée le souvenir d'un poète aimable
et d'un ami sincère, d'un esprit éclairé
et d'un cœur délicat.

VIRE, IMP. HENRI BARBOT.